Couverture inférieure manquante

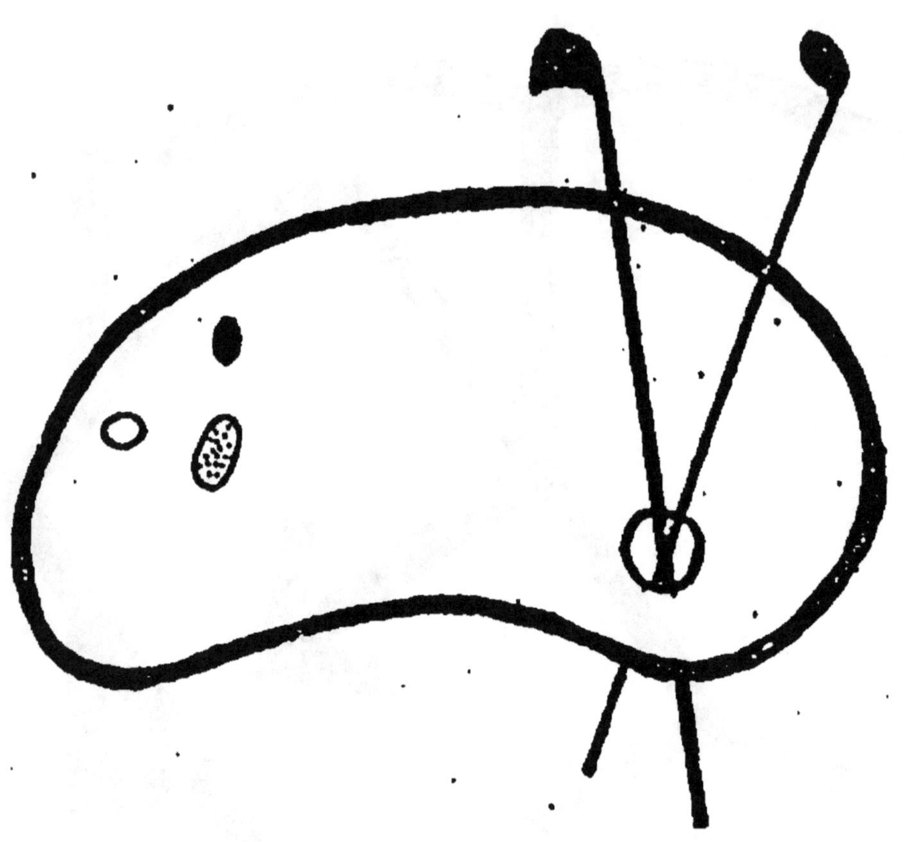

DEBUT D'UNE SERIE DE DOCUMENTS
EN COULEUR

LES COLONIES FRANÇAISES

ET

L'ÉMIGRATION

DES

TRAVAILLEURS AFRICAINS

SAINT-NAZAIRE
IMPRIMERIE RICHIER, RUE DU CALVAIRE

1860

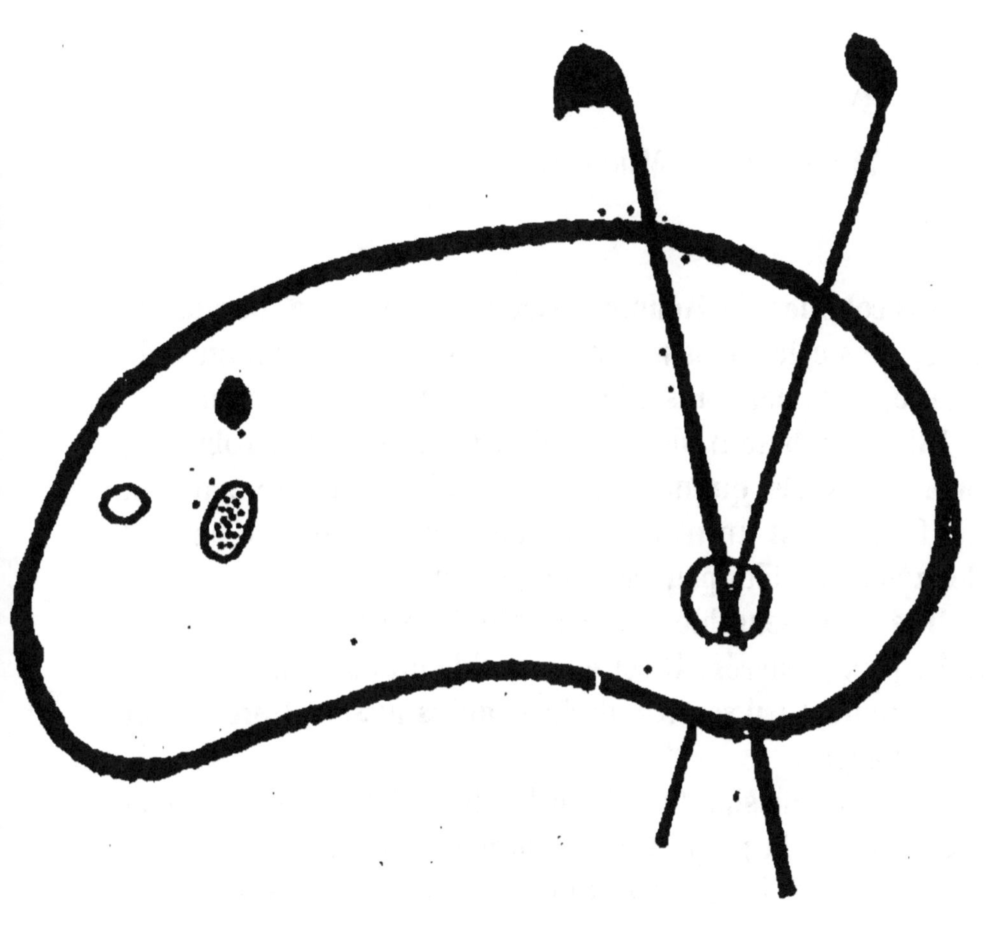

FIN D'UNE SERIE DE DOCUMENTS
EN COULEUR

Monsieur le Ministre,

Nos colonies, la Réunion particulièrement a besoin de bras, sans cela, dans un an sa prospérité aura diminuée de moitié, dans deux ans elle aura disparu complètement.

Elles ont besoin de travailleurs sains, forts, robustes, bien constitués, qui ne meurent point à la première maladie, qui fournissent un travail que dans les colonies, le naturel des zônes torrides peut seul supporter.

Il est indispensable que nos colonies aient des travailleurs à des prix modérés; il est convenable qu'ils s'engagent volontairement; il serait à désirer qu'ils fussent libres avant de s'engager.

Mais libre ne signifie-t-il pas bonheur dans le sens attaché à ce mot par la plupart des hommes, par bien des peuples mêmes. Et où le trouver, l'homme heureux, libre sur la terre?

L'homme n'est heureux, libre, que relativement, qu'autant qu'il approche le plus près du bien-être qu'il désire. Chez les uns ce bien-être est intellectuel, moral et physique; chez d'autres il n'est que matériel: tels sont les Coolies de l'Inde et les Engagés de la côte d'Afrique pour lesquels le bonheur consiste à manger beaucoup, la liberté à dormir après avoir mangé, le travail jamais.

Ce bonheur, cette liberté l'ont-ils chez eux, ces hommes qui seuls conviennent comme travailleurs dans nos colonies?

Non, évidemment, puisqu'ils travaillent et meurent souvent de faim, puisqu'ils s'engagent pour avoir *momentanément un peu à manger*.

Dans nos colonies peut-on leur donner ce bonheur qu'ils envient? Oui, et on le leur donne au-delà de leurs espérances. Je l'énumérerai bientôt. La liberté qu'ils désirent pour compléter leur bonheur, nous ne pouvons la leur accorder, il est vrai, nous ne l'avons pas nous-mêmes. Nous n'en voudrions pas si nous pouvions nous la procurer, car, nous sentons que pour être heureux, l'homme a besoin d'un travail proportionné à ses forces, aux facultés diverses que nous a données la nature; nous savons que le travail développe les forces, les facultés, et, par suite, agrandit la somme de notre bien-être, car nous ne pouvons nous empêcher de reconnaître que c'est le propre de la brute d'être heureux en mangeant, et que dormir en digérant, pour manger et dormir de nouveau, est la liberté qui lui convient.

Les peuples ont, comme l'homme, leur enfance; comme lui ils ont besoin d'être nourris, soignés, conduits, dirigés, poussés, soutenus, forcés même très-souvent par leurs devanciers, pour arriver encore lentement à une sage maturité, pour atteindre la somme de bien-être à laquelle l'homme peut prétendre.

Telles sont, Monsieur le Ministre, les populations de la Côte-d'Afrique. J'espère que vous le reconnaîtrez si vous voulez bien jeter les yeux sur ce qui suit et ne faire attention qu'au fond et non à la forme avec laquelle sont présentées les remarques et les observations que j'ai faites moi-même au milieu de ces pauvres populations. D'abord, si l'on avait vu, comme moi, les souffrances de ces populations, on ne les considèrerait plus, pour être transportées dans nos colonies, comme des hommes que *tous* nous enlevons aux foyers domestiques, comme des victimes vouées aux durs travaux qui doivent satisfaire la cupidité des nations civilisées. On reconnaîtrait, au contraire, que les naturels de la côte d'Afrique restés dans leur pays envieraient le sort de leurs frères transplantés dans nos colonies, s'ils le connaissaient.

Entendez-les, Monsieur le Ministre, répondant à la question que j'ai adressée, en particulier, et en dehors de toute influence de la part de leurs maîtres, aux deux cent soixante-douze africains que j'ai enrôlés dernièrement à Quiloa.

— *Etes-vous content de venir avec moi?*—OUI, POUR AVOIR UN PEU A MANGER. Oui, pour avoir un peu à manger! Cette réponse ne fend-elle pas le cœur? Ne suffit-elle pas, seule, pour prouver que ces hommes souffrent par trop dans leur pays, quand surtout on sait que ces malheureux ont la conviction *que nous les engageons pour les engraisser et les manger ensuite!*

On rira de la crédulité par trop simple de ces pauvres noirs; on niera peut-être la véracité de mes paroles! Que de faits cependant j'aurais à citer comme preuve de ce que j'affirme! Sur les 272 que j'ai enrolés, 269 m'ont fait la réponse que je viens de citer; deux m'ont répondu: oui, moi je n'ai pas peur. C'étaient, deux frères. Un jeune homme de 15 ans a refusé de s'embarquer; il s'est jeté à la mer pour se soustraire à la violence de ses maîtres; on l'a sauvé. Il croyait, le pauvre garçon, *que j'allais immédiatement le dévorer*. Je l'ai remplacé par un enfant de cinq ans, pauvre petit que j'avais choisi parmi soixante jeunes orphelins des deux sexes; il se cramponnait à moi, à notre arrivée à Bourbon, pour ne pas me quitter. Tous sont restés libres à bord sous une surveillance active et une discipline ferme. Nul symptôme de révolte ne s'est manifesté: pourtant un terrible fléau planait sur, eux sur nous.

En est-il de même des Chinois que l'on veut donner à la Réunion comme travailleurs? Non, on est obligé de les enchaîner aussitôt qu'ils sont embarqués; d'avoir des canons chargés à mitraille prêts à faire feu à la moindre révolte. Qu'on en appelle au témoignage du capitaine du *Charles-Martel*, dans le voyage qu'il vient de terminer, et, s'il est sincère, il confirmera ce que je constate ici. Cette conduite du Cafre et du Chinois à bord ne prouve-t-elle pas que le premier est content du sort qui lui est fait, qu'il s'engage volontiers, tandis que le second, en mettant le pied sur un navire, regrette et continue de regretter le sort qu'il a quitté. De très fréquents suicides sont la suite de leurs regrets.

J'ai vu de près ces populations; j'ai vécu avec elles; je les ai étudiées; je sais ce qu'elles souffrent dans leurs pays; je connais ce dont elles ont besoin. Ces connaissances m'ont fait étudier avec attention le sort de ces hommes à La Réunion, et c'est cette étude qui me fait plaider aujourd'hui près du gouvernement de Sa Majesté pour qu'il permette l'enrôlement des Africains pour nos colonies.

Dans nos colonies les Africains trouvent ce qui leur manque chez eux : une nourriture saine et abondante, le logement, les vêtements, des remèdes, des secours, des soins dans leurs maladies, des lieux de refuge pour les infirmités et la vieillesse, des traitements humains pour tous. Il sont certains d'avoir, tant que durera leur engagement, tout ce qui est nécessaire au travailleur et à sa famille. Ces choses ne leur manqueront pas ensuite s'ils veulent travailler.

Ils trouvent, en outre, s'ils veulent en profiter, les moyens de développer moralement et religieusement leur esprit et leur cœur, et cela en échange d'un travail modéré pour eux et ceux de leur membres qui peuvent en fournir, et, puisque le travail est la cause première et continuelle du progrès et du bien-être des nations civilisées, pourquoi serait-ce un mal, pour les peuples primitifs, de les initier dans de telles conditions, à ce qui constitue notre bonheur?

Ce sort qui attend les travailleurs africains à la Réunion, est-il pis que celui que leur font subir les Arabes leurs maîtres, *qui les laissent mourir et de soif et de faim; qui noient celui qui est blessé ou infirme, comme étant un membre inutile, et ceux qui sont soupçonnés d'être atteints d'une maladie contagieuse épidémique*, disant : LE CAFRE N'EST PAS DU MONDE, C'EST DES HOMMES DES BOIS.

Il serait trop long de citer les cruautés dont ces pauvres africains sont victimes dans leur pays, dont j'ai été témoin sans pouvoir les empêcher.

Que demande-t-on pour éloigner tant de maux de cette classe d'hommes jusqu'ici déshéritée, et qui me paraît mériter au moins autant de compassion et d'intérêt que ces enfants chinois qui, dit-on, sont noyés à leur naissance, pour avoir eu le malheur d'être nés fils de parents pauvres.

On ne demande aucun secours, car, bien que la généreuse charité des habitants de la métropole soit bien connue des colons, ils savent que cette charité a plus qu'elle ne peut faire pour éloigner la misère des pauvres de nos cités.

Ils seraient heureux de se charger d'une partie de ces Caffres malheureux de cette partie de l'espèce humaine qui paraît lui être échue en partage; de travailler à faire des hommes libres, utiles à la société, à leurs semblables, de ces *hommes mourant de faim ou voués à la mort parce qu'ils sont blessés, infirmes, malades, trop faibles pour gagner, par leur travail, le mapembe qui les empêchent de succomber à l'épuisement.*

Qu'on ne croie pas, ce que quelques personnes m'ont répété, que les colons ne s'occupaient des noirs que parce qu'ils en ont besoin. Oui, ils ont besoin de travailleurs noirs puisque les travailleurs blancs ne peuvent, sous les zônes torrides, supporter le travail comme én Europe. Mais de ce que le colon a besoin de bras africains ou indiens, peut-on déduire qu'il soit sans cœur, sans âme, sans entrailles; qu'il voit les maux qui frappent certaines portion de l'espèce humaine sans en être ému. Oh! alors, c'est mal les connaître. Combien d'entr'eux demandent, même à leurs travailleurs bien portants, l'espèce de nourriture qu'ils préfèrent, et acquiescent à leurs désirs. Je n'en citerai que deux parmi tous ceux que je connais : M. Jules de Rontaunay, dont le bonheur est de soulager toutes les souffrances, et, l'ami de tout le monde, le bon M. Jules Manès, qu'ils me pardonnent de les nommer ici. Et ces bonnes et vertueuses mères de familles créoles! Il ne faut pas les avoir vues dans les tristes jours qui viennent de s'écouler, pour penser que c'est l'intérêt qui fait leur dévouement. Non, il ne faut point les avoir vues soignant, de leurs mains, leurs noirs, se faisant infirmières, gardes-malades de leurs serviteurs souffrants, mourants. Anges consolateurs qui gagnent le cœur de ces hommes tout en leur donnant l'exemple des vertus comme elles le font au milieu de leurs familles!

Oui, autrefois il y a eu de mauvais maîtres : on les cherche aujourd'hui. Si de telles accusations avaient besoin d'être réfutées je regretterais de ne pouvoir le faire ici.

Oui, les colons ont besoin de bras, mais de ce qu'ils ont besoin de bras peut-on conclure que la bonne action qu'ils font en enlevant ces bras à un dur esclavage, devient mauvaise parce qu'ils en tirent un avantage? Quelle qu'en soit pour eux les conséqences, le bienfait perd-il de son effet près de celui qui le reçoit, et doit-on ne faire le bien que lorsqu'on en doit souffrir? S'il doit en être ainsi, le colon est encore dans la bonne voie, car on se trompe fort si l'on croit qu'il n'en coûte pas à faire l'éducation d'un Cafre. Plus d'un philosophe y perdrait son latin.

Les colons ne demandent rien à la métropole. Ils supplient le Gouvernement de Sa Majesté, vous tout particulièrement, Monsieur le Ministre, afin qu'on puisse enrôler des Africains comme on enrôle des Indiens, puisqu'ils ne peuvent se procurer de ces derniers.

Je sais que l'Indien est libre dans son pays; qu'il s'engage, par conséquent, librement; qu'on accorderait l'émigration africaine si l'Africain était dans les mêmes conditions que l'Indien. Mais de ce que l'Africain est esclave dans son pays et qu'on ne peut le rendre libre sans l'acheter, s'en suit-il qu'il lui soit désavantageux qu'on l'enlève, en l'achetant, à un dur esclavage; qu'il soit pour lui malheureux qu'on lui donne la protection de nos lois, la liberté pour toujours, en échange de la vie de brute qu'on le force à suivre, ne l'assujétissant pour toutes conditions qu'à un stage, qu'à un apprentissage sans lequel la liberté serait pour lui un fardeau, durant lequel stage on lui donne, ainsi qu'aux siens, tout ce qui lui est nécessaire, plus un état qui, un jour, lui permettra de jouir d'une sage liberté?

L'Indien et l'Africain jouissent dans nos colonies des mêmes avantages sous tous les rapports. Mêmes travaux, même solde, même nourriture, mêmes soins, mêmes traitements, et puisque le dernier quitte une condition plus pénible que le premier pour venir partager une même vie, ne s'en suit-il pas que celui-ci gagne moins que celui-là à quitter son pays.

Pourquoi donc l'enrôlement de l'Indien est-il autorisé, tandis que celui de l'Africain est suspendu? Probablement 1° parce qu'il y a eu des abus. Mais ne peut-on les empêcher de se renouveler?

2° Parce que le Cafre ne pouvant s'engager librement, il est très-désirable qu'il s'engage volontairement, mais ne peut-on atteindre ce but?

Pardonnez-moi, Monsieur le Ministre, la prétention d'avoir trouvé le moyen de lever cette grave difficulté : une bonne pensée est quelquefois envoyée aux plus simples des hommes, permettez-moi, Monsieur le Ministre, de vous soumettre mes vues, qui, si je ne me trompe, auront non-seulement ce premier avantage, mais encore celui de couper court aux abus; de donner à nos colonies des travailleurs sains, forts, robustes, bien constitués, d'arriver promptement à ne payer qu'un prix modéré pour les frais d'engagement de ces hommes; d'éloigner de nos colonies, au moins autant que cela est possible, ces fléaux qui portent le deuil au milieu des familles, le trouble au milieu des populations. Quelques hommes de cœur et de dévouement suffiraient pour cela.

Puis, Monsieur le Ministre, si je me trompe, ma bonne intention me restera et j'aurai la satisfaction d'avoir rempli ce qui me paraît un devoir.

Confiant dans votre indulgence, Monsieur le Ministre, et pour complaire à des personnes recommandables de La Réunion, je vous envoie copie d'un rapport que j'adressai à M. le Gouverneur de la Réunion au retour de mon voyage à la Côte-d'Afrique, ainsi que la réfutation d'un plan dont on parlait lors de mon départ de cette colonie, plan qui consistait à préparer les Africains dans leur pays, par la religion, avant de les expédier pour nos colonies. Je commence par cette réfutation.

On demande à préparer les Africains dans leur pays par la religion avant de les expédier pour nos colonies.

D'abord celui qui a faim ne peut attendre, pour vivre,

qu'on ait vivifié son esprit, régénéré son âme, et ces populations ont besoin de manger pour vivre.

Puis, dans nos colonies, n'est-il pas plus facile de leur faire connaître la religion, cette civilisatrice divine? Je le crois. Ces peuples gagneraient à être instruits chez nous plutôt que chez eux; d'ailleurs il faut des siècles pour changer la nature des peuples, même avec de saints apôtres. Si l'on jette les yeux sur l'Inde on ne trouvera pas un musulman qui ait été éclairé et sincèrement converti. Sera-t-on plus heureux sur la Côte-d'Afrique où règne l'Islamisme? J'en doute, à moins que Dieu ne fasse un miracle.

Loin de moi la pensée de nier l'heureuse influence du christianisme sur la civilisation des peuples, je la reconnais au contraire; mais elle doit se faire sentir en son temps, et je ne le crois pas venu pour ces populations. D'ailleurs, puisque Dieu a créé deux puissances, l'une spirituelle, l'autre temporelle, *qu'il a départi à chacune son lot*, pourquoi celle-ci ne ferait-elle pas le premier pas dans ses attributions, frayant le chemin à la seconde qui ne perdrait rien à être devancée. Je ne vois là rien que de très-respectable, de très-honorable même pour la première.

Puis, je le répète, ces populations ont besoin de manger pour vivre; elles ne peuvent attendre pour le faire qu'on ait développé religieusement leur esprit et leur cœur.

Nos colonies souffrent, spécialement la Réunion, je ne puis m'empêcher de le redire de nouveau; encore une année sans que de nouveaux bras viennent remplacer ceux que le seringos, la variole et le choléra ont trop malheureusement moissonnés dans celle-ci, et le pas immense qu'elle a fait depuis quatre ans dans le progrès est pour elle un fardeau; encore deux ans sans introduction de nouveaux travailleurs et les puissants efforts que fait aujourd'hui notre plus belle colonie pour se sauver d'un désastre tourneront contre elle.

Que ceux qui plaident pour que les Africains soient préparés, par la religion, dans leur pays avant de les expédier pour nos colonies, se rassurent.

En employant les moyens humains, les moyens religieux ne seraient point abandonnés, loin de-là; tous deux pourraient se tendre la main; mais en se tendant, *ces mains devraient s'entendre, s'aider, s'aimer, rivaliser de zèle en confondant le dévouement, afin d'arriver au même but qui ne doit être, ni pour l'un comme pour l'autre, que le bonheur de ces populations déshéritées et la prospérité de nos colonies.*

Pour obtenir une émigration d'Africains s'engageant librement, il faudrait, je crois, quelques hommes dévoués, consacrant leur vie (car à la Côte-d'Afrique ils ne vivraient pas plus de trois à cinq ans) au bonheur de cette population émigrante à la prospérité de nos colonies.

Ces hommes dévoués devraient être dégagés de tout intérêt personnel; ne relever que du Ministre des Colonies. Ils devraient être protégés par notre pavillon planté sur un point de la Côte-d'Afrique: mieux vaudrait sur une île qui en serait peu éloignée;

On recevrait dans ce lieu tous les travailleurs qui se présenteraient de quelque provenance que ce soit;

Cette île servirait de lieu d'isolement préparatoire; on y ferait reposer ces hommes; on les y soigneraient, les fortifieraient, les vaccineraient; on leur ferait réparer leurs forces généralement épuisées par les fatigues, les privations et les jeûnes. Un ou plusieurs médecins seraient attachés à cet établissement; quelques prêtres, quelques sœurs pourraient leur être adjoints pour donner à ces hommes les premiers soins de leur ministère de dévouement, de paix et de charité.

Les maladies contagieuses, épidémiques, se déclareraient d'autant moins facilement sur les navires transportant les émigrants, que ces hommes se seraient refaits dans cet espèce de lazaret préparatoire, que les traversées seraient moins longues. Nos colonies auraient beaucoup moins à redouter les ravages que ces maladies occasionnent quand malheureusement elles y sont introduites.

Un ou deux mois suffiraient, je pense, pour faire ce stage, pour reconforter ces hommes, pour leur faire comprendre qu'ils sont libres de retourner dans leur pays ou de s'engager avec les blancs.

Ce temps expiré, on expédierait pour La Réunion ceux qui s'engageraient volontairement; les autres seraient reconduits dans leur pays.

La création d'un établissement de ce genre coûterait peu; il serait le pendant de celui de Pondichéry; d'ailleurs le Gouvernement pourrait, comme dans cette colonie, en laisser le soin à une Compagnie, qui se chargerait également de l'entretenir de tout ce qui lui serait nécessaire, et cela en lui concédant, pour une période de temps déterminée, cinq ou dix ans, l'introduction des travailleurs.

Il serait bon d'accorder cette concession à une Compagnie de colons et de négociants de La Réunion, qui, au loin comme chez eux, auraient intérêt à bien faire traiter ces hommes, à fournir à l'établissement tout ce dont ils auraient besoin: la proximité des lieux leur rendrait cela facile, ce qui est beaucoup. Cette Compagnie aurait intérêt à prendre les mesures nécessaires pour que la mortalité n'augmentât la prime d'engagement que le moins possible.

Il serait aussi de son intérêt de prendre toutes les mesures nécessaires pour que, de nouveau, des fléaux terribles n'empoisonnassent plus sa population.

Ces travailleurs ne seraient embarqués que sur des navires choisis, commandés par des délégués nommés par le Ministre, et sur le certificat du médecin constatant que ces hommes, femmes et enfants sont bien portants et d'une bonne constitution. Il serait peut-être bon que ce délégué général fût chargé de l'inspection générale de l'établissement ainsi que de celle des navires avant l'embarquement des émigrants.

La Compagnie de colons et de négociants de La Réunion serait plus à même que qui que ce soit de choisir les navires, de les bien disposer pour le transport des émigrants. Ces négociants, mieux que tous autres, sont à même d'apprécier les capitaines qui fréquentent généralement ces parages; toutefois ce choix est si important à mes yeux, pour éviter ces abus qui ont pu exister à bord, que tout en laissant à cette Compagnie le choix des capitaines, ce choix devrait être sanctionné par Monsieur le Gouverneur de La Réunion. De bons navires et de bons capitaines ne manqueraient pas, principalement si l'on récompensait le dévouement de ceux-ci.

Bien que Mayotte soit un peu éloignée de la côte d'Afrique, cette île ne serait-elle point le lieu le plus convenable pour établir ce dépôt d'hommes? Elle appartient à la France, notre pavillon y flotte, une administration y est organisée, et le commandant supérieur de cette colonie pourrait, au besoin, prêter son appui au directeur de l'émigration.

Nossy-Bay est certainement convenable, pour y établir un dépôt d'émigrants malgaches. Je ne connais point cette colonie, aussi ne puis-je former d'opinion sur le point le plus convenable pour y établir un lieu de dépôt d'isolement. Ne serait-il pas même plus prudent de concentrer sur un seul point les dépenses et les ressources que nécessiteraient un tel établissement, ainsi que la concentralisation du pouvoir dans des mains fermes et intègres, choses indispensables, et d'ailleurs nécessaires pour éviter bien des abus.

La position géographique de Mayotte paraît inviter à choisir ce point de préférence à tout autre, placée qu'elle est au milieu du canal Mozambique, à égale distance de la Côte-d'Afrique et de Madagascar, étant de plus le lieu de résidence du commandant particulier de ces deux possessions.

A Mayotte, l'îlot Pamenzy, relié par une jetée à l'îlot Zaoutzy, résidence du personnel de l'administration, conviendrait parfaitement si l'eau et le bois ne manquaient complétement. L'eau en abondance est nécessaire à une grande réunion d'hommes, principalement quand ce sont des Africains, et, le personnel et la garnison résidant à Zaoutzy sont obligés d'envoyer à la Grande-Terre, faire l'eau et le bois de chaque jour; puis, ne serait-il pas prudent d'isoler la garnison et l'administration de l'influence des maladies graves qui sévissent trop souvent sur les Africains?

La vallée de Miambany, située à la partie Sud de la grande île, conviendrait je crois, parfaitement. Une jolie rivière la traverse, le bois est en abondance ; elle est entourée de montagnes sur le versant desquelles il serait facile et peu coûteux d'établir des bâtiments pour recevoir mille hommes.

La rade est sûre et son abord facile; son éloignement de Zaoutzy enlèverait toute crainte d'influence fâcheuse pour la garnison et le personnel administratif qui résident sur ce point.

C'est, d'ailleurs, un des points les plus salubres de la Grande-Terre, et, bien qu'elle m'ait été concédée pour mes enfants mineurs, j'en ferais volontiers l'abandon à la Compagnie d'émigration pour y créer un établissement de ce genre.

Monsieur le Ministre, la question qui reste à traiter est bien délicate. C'est la répartition de ces travailleurs et le prix de cession de leurs engagements. Cette question est si épineuse que je n'eus osé l'aborder si l'on ne m'avait assuré que vous receviez toujours avec bonté les remarques que l'on vous présente, sans avoir égard au peu de forme avec laquelle elles vous sont présentées.

En ce qui concerne la répartition, je puis dire que celui qui a besoin d'un homme pour serviteur n'a pas besoin d'une femme, d'un enfant de l'un ou l'autre sexe, et réciproquement; que celui qui n'a besoin que d'un serviteur ne doit pas en demander dix, vingt : c'est se charger de bras inutiles ou faire commerce de ces bras; que parmi ces travailleurs il y en a, comme chez tous les peuples, de meilleurs les uns que les autres; qu'il me paraît juste que les meilleurs travailleurs soient payés plus chers par ceux qui les prennent après les avoir choisis, et que les moins bons soient payés moins chers; qu'en ceci, comme en France, on doit être libre de choisir ses serviteurs; enfin, que les conventions des parties doivent être respectées, sans cela on crée des difficultés, des embarras qu'on ne peut éluder sans fraude, lever sans mentir, et il est des personnes qui ne peuvent faire ni l'un ni l'autre. Vous éloignez alors de ces affaires d'humanité les personnes qu'on devrait prier de s'en charger. Les difficultés récentes existant à La Réunion prouvent la vérité de ce que j'avance.

Pour le prix de cession de ces engagements, je donne ici le prix de revient de cent quarante engagés au moment de la cession de leur engagement à La Réunion. Je garantis l'authenticité de ces chiffres que je transcris : ils éclaireront mieux la question que tout ce que je pourrais dire.

272	Engagés. Coût à la Côte-d'Afrique de l'engagement de deux cent soixante-douze hommes, femmes et enfants des deux sexes embarqués sur le *Charles*, capitaine Pascal Cahour, 196 francs 90 centimes, l'engagement.				
	41 morts à bord.				
131	90 morts au lazaret à la Réunion.				
141	Restants et mis à la disposition des colons, fr. .			53,557 fr.	58
	Achat des monnaies à la Réunion, 8 % sur 53,557 fr. 58 c.	4,284 f.	40		
	Intérêt de fonds du 9 janvier au 9 août, départ et libération 8 mois.				
	Cessation des engagements remboursables à 4 mois un an, à 9 % l'an sur 53,557 fr. 58 c.. . . .	4,820	17		
	Comptes, vivres, vêtements, médicaments au départ, Réunion.	13,591	13		
	Assurances aller et retour sur espèces prises 107,025 fr. 40 c. à 3 1/2 %.	3,745	87		
	Compte de dépenses au lazaret (retour à la Réunion)	23,611	22		
	Dépenses du *Charles* et de son équipage, 4 mois à 6,000 fr.	24,000	» »		
	Frais, comptes divers à Quiloa et Réunion. . .	4,342	06	78,395	05
Soit 141	Engagés livrés à la libre circulation coûtant au *Charles*..			131,952	55

* Ou neuf cent trente-cinq francs quatre-vingt-trois centimes l'un.

Je vous prie, Monsieur le Ministre, de remarquer que, dans ces **131,952 fr. 55 c.**, je n'ai point fait figurer l'entrepont, les pièces à eau, l'eau ayant une cuisine distillatoire, ni les aménagements faits en France pour le transport des travailleurs blancs engagés pour cinq ans que j'ai conduits dernièrement à La Réunion. Ces travaux et ces approvisionnements achetés ou exécutés à La Réunion, auraient coûté 20,000 fr. Je n'ai aussi fait figurer l'intérêt que sur **53,557** fr. 18 c., bien que j'aie eu pendant six mois **107,025** fr. 54 c. destinés à l'opération de travailleurs.

Pour avoir des travailleurs à bon marché, il suffit, je crois, de faire arriver dans ce dépôt dont j'ai tracé le canevas, des hommes bien portants, forts, bien constitués; il en mourra peu, alors le prix sera diminué de moitié.

Il faut aussi et avant tout des hommes dévoués pour les

soigner et du temps pour refaire la réputation de nos colons, de nos colonies, que nos voisins d'outre-mer se sont plus à représenter à ces pauvres Africains, par l'entremise des Arabes, comme des repaires d'ogres, d'anthropophages. L'on ne voit cependant pas dans nos colonies, comme dans beaucoup d'autres, des travailleurs, faute de soins et d'asile pour la souffrance, se traîner au soleil pour y rendre le dernier soupir.

En finissant, M. le Ministre, je suis tout à votre disposition pour tous les autres renseignements qu'il me sera possible de vous donner et qui ne peuvent être placés ici.

Daignez, Monsieur le Ministre, excuser la longueur de ce rapport. Je n'ai pu expliquer ma pensée plus brièvement.

Daignez aussi,

Monsieur le Ministre,

Agréer l'expression du dévouement le plus respectueux

De votre serviteur bien soumis,

PASCAL CAHOUR.

Saint-Nazaire, Imp. RICHIER.

www.ingramcontent.com/pod-product-compliance
Lightning Source LLC
LaVergne TN
LVHW020509230826
846091LV00008BA/3420

* 9 7 8 2 0 1 6 1 6 7 7 3 1 *